UNE VISITE

AU ROI

CHARLES V,

A BOURGES.

SE DISTRIBUE GRATIS

Au bureau du Mémorial Angevin.

ANGERS.

IMPRIMERIE-LIBRAIRIE DE PIGNÉ-CHATEAU,
Rue Saint-Aubin, n° 20.

1839.

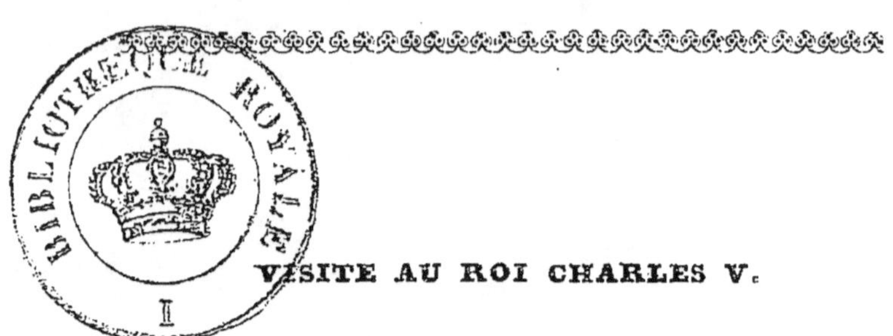

VISITE AU ROI CHARLES V.

Quand le roi Charles V , victime de la trahison , eut mis le pied sur le sol de France , et que
la plus inexcusable des calomnies , celle qui s'a-
dresse au malheur, ne craignit point d'attaquer
cette grande adversité, il devint utile d'aller demander au monarque lui-même la vérité que les
passions politiques cherchaient à obscurcir, et
je saisis en même temps cette occasion d'aller
mettre aux pieds du petit-fils de Louis XIV, l'hom-
mage du dévoûment des royalistes de France.
C'est le simple et véridique récit de cette visite
qu'on va lire. Tout ce qu'on y a vu , tout ce
qui s'y est dit , sera fidèlement rapporté. De
crainte de taire des détails intéressans, on n'y
passera sous silence aucun détail. Il faut que l'o-
pinion publique entre dans l'intimité de cette
royale famille ; il importe qu'elle interroge ,
qu'elle écoute, qu'elle voie, qu'elle examine.
Quand le roi Charles V était loin de nous , les
partis profitaient de cet éloignement pour donner
cours à leurs erreurs ou à leurs mensonges ;
maintenant le petit-fils de Louis XIV est sur le
sol de France , exilé, trahi , sans autre entourage
que la dignité de son malheur, le moment est venu
de pénétrer dans cette royale solitude, le roi ne
craint pas plus les regards de ses adversaires que
ceux de ses amis : qui que vous soyez , vous allez
entrer chez lui.

Arrivé le lundi soir à Bourges, dès le mardi matin, à neuf heures, j'étais devant l'hôtel de la Panette, qui est situé rue du Vieux-Poirier, n° 1, à côté de la maison du maire, M. Mayet Genetry, ancien député. Ce qu'on a dit de l'aspect triste et sombre de cet hôtel est au dessous de la réalité. Placé au fond d'une cour étroite, le petit jardin, aux ombrages épais, qui longe la façade assombrit encore la physionomie de ce mélancolique séjour, qui tient à la fois de la prison et du tombeau. Au milieu des trissesses de Bourges, la tristesse de l'hôtel de la Panette ressort.

En entrant dans la cour, la première personne que je rencontrai fut un portire français, qui montra quelqu'hésitation en m'entendant demander M. Tamariz, secrétaire du roi; mais, dans ce moment même, j'aperçus un espagnol en capote bleue à boutons aux armes d'Espagne, portant le pantalon rouge et le beret rouge, et je m'adressai à lui. Dès qu'il entendit la langue de son pays, sa physionomie grave et triste s'éclaircit, et il s'empressa de me conduire. Nous montâmes au premier étage et nous entrâmes, au bout d'un long couloir, dans une grande chambre, où se promenait de long en large un homme vêtu d'un pantalon bleu et d'une veste d'astracan, dont la figure pleine d'intelligence et de résolution, ressortant au milieu de la simplicité de ce costume, commandait à la fois l'attention et le respect. Je pressentis que je me trouvais en face d'une des gloires de l'Espagne, en face d'un des nobles chefs de cette étonnante guerre, où l'on a fait de si grandes choses avec de si petits moyens, magnifique épopée à laquelle il ne manque qu'un poète, car certes les héros n'y manquèrent pas. Mes impressions ne m'avaient point trompé, j'étais en face du brigadier Bargas. Bargas, l'ami et le compagnon d'armes de Zumalacarreguy, Bargas, qui tira en même temps que lui l'épée, Bargas, homme de tête et d'exécution, dont la vaillance était citée au milieu de tant de vaillances, dont les talens militaires avaient conquis l'estime de l'armée entière. Il vint à moi avec empressement quand je me fus nommé, et m'assura que le roi me recevrait dans la matinée même. Tandis qu'il parlait, une autre personne entra dans la chambre où nous nous trouvions, c'était l'infant don Sébastien.

Alors commença le récit intéressant et animé des derniers événemens dont l'Espagne vient d'être le théâtre. L'infant, d'une voix qui révélait l'indignation dont son noble cœur était rempli, raconta dans tous ses détails, la trahison de Maroto; il redit la revue passée par le roi, le conseil de guerre dans lequel celui qui avait déjà vendu son seigneur et son maître apporta les propositions d'Espartero, en déclarant lui-même qu'elles étaient offensantes pour la majesté royale, et en demandant à verser tout son sang pour faire triompher la devise de toute l'armée, qui était aussi la sienne, *le roi, la religion, la patrie.* Menteuses et hypocrites protestations, posées comme un masque sur sa félonie par le coupable Maroto, qui parlait de la religion au moment de la livrer, de sa patrie au moment de la trahir et de son roi au moment de le vendre.

« À la revue du 23, me disait l'infant, quand
« nous arrivâmes au milieu des troupes, les cris
« de *vive le roi!* se firent entendre de toutes parts.
« À ces loyales acclamations, une voix solitaire
« mêla le cri de *vive Maroto !* Mais le roi, s'a-
« vançant vivement vers les bataillons, s'écria:
« *Où est le roi il n'y a plus de général. Mes en-*
« *fans, êtes vous décidés à mourir pour notre*
« *noble cause ?* Les cris de *vive le roi !* reten-
« tirent encore; mais encore une fois on entendit
« s'y mêler le cri de *vive Maroto !* C'était le mo-
« ment de mettre la main sur lui. Si on le faisait,
« le cours des événemens pouvait être changé.
« Nous serions encore en Espagne, l'épée à la

« main , au milieu de notre brave armée. On au-
« rait enlevé les troupes, on les aurait conduites
« contre Espartero qui , à la tête d'une division
« peu nombreuse, attendait , dans un bois situé
« dans le voisinage, que Maroto lui livrât la per-
« sonne du roi , comme il s'était engagé à le faire
« depuis long-temps. Surpris par un ennemi in-
« digné, au lieu d'être servi par un traître, Espar-
« tero n'aurait pu résister. Lui et sa division eus-
« sent été anéantis. Mais il y a des circonstances où
« une seconde vaut un siècle ; nous étions dans
« une de ces circonstances ; et quand cette pensée
« vint à nos esprits, le moment était passé : Ma-
« roto , tremblant et pâle , s'était retiré recom-
« mandant à ses aides-de-camp de veiller sur lui,
« tant le traître s'attendait à recevoir le juste châ-
« timent dû à sa félonie. A cet instant plusieurs of-
« ficiers de l'état-major du roi crurent que Ma-
« roto allait faire former le carré par les troupes
« dont il était sûr, afin de nous envelopper, et
« engagèrent le roi à retourner à son quartier
« royal. »

Tandis que le prince redisait ces détails, on
voyait courir sur ses traits les émotions succes-
sives qui animaient son cœur. La colère, l'indignation, le noble désespoir d'un courage trompé,
l'horreur qu'inspire la trahison , l'énergie d'une
âme intrépide qui ne sait point plier sous le poids
de l'adversité. « Et dire, répéta à plusieurs re-
« prises le prince, et dire qu'il y a deux ans j'étais
« à la tête de notre brave armée, à une portée
« de fusil de Madrid !» Je ne puis assez exprimer
tout ce qu'il y avait d'émotion dans ce souvenir de
victoire rappelé dans une froide et obscure salle
de l'hôtel de Bourges , par un prince alors triom-
phant sous le brillant soleil d'Espagne, aujour-
d'hui exilé sur notre terre de France , qui a cessé
d'être l'asile pour devenir la prison des princes
malheureux.

Tandis que le prince prononçait ces dernières

paroles, la porte s'ouvrit; le roi et la reine tra-
versèrent le corridor qui longe la salle où nous
nous trouvions. La reine, à qui j'avais eu l'honneur de faire ma cour à Salzbourg, me recon-
nut aussitôt qu'elle m'aperçut, et me fit en pas-
sant signe de la main pour m'inviter à rester.
Sur son front toujours noble, toujours beau, j'a-
perçus la trace des tristes pensées qui devaient
occuper ses méditations; mais à travers le nuage
de douleur, on voyait percer un rayon de courage; Marie-Thérèze est une de ces princesses
si rares qui portent le malheur du même front que
la couronne, et qui se redressent sous le vent de
l'adversité.

Une demi-heure s'était écoulée depuis le passage de leurs majestés, quand je fus averti qu'elles
me faisaient demander au rez-de-chaussée. Je
traversai une salle à manger assez grande, où
quelques personnes de la suite du roi prenaient
leur repas, et je fus introduit dans un salon, simplement, mais convenablement meublé. A peine
étais-je entré que le roi et la reine sortirent de
leurs appartemens. Le roi, qu'on me pardonne
ces détails qui sont restés gravés dans ma mémoire, comme toutes les circonstances de ce t
scène, le roi portait une redingote bleue d'uni-
forme, sous laquelle se dessinait un gilet blanc de
casimir. D'épaisses moustaches surmontent sa
lèvre supérieure, et donnent une expression ca-
ractérisée à sa physionomie, naturellement sé-
rieuse et calme. Il semblait triste, mais tranquille,
comme ceux qui ont le sentiment d'avoir fait leur
devoir jusqu'au bout. La reine portait une robe
verte en stoff broché; ses cheveux, lissés de chaque côté en bandeaux, étaient fixés par de petits
peignes. Je trouvai dans sa physionomie la même
expression de tristesse courageuse dont j'avais
été frappé un instant auparavant, mais elle était
atténuée par une nuance de bienveillance et de
bonté qui m'allèrent jusqu'au fond de l'âme. Dès

que j'entrai, le roi voulut bien me remercier d'être venu. «*M. de Lalande et vous, M. Walsh,* « me dit sa majesté, *vous êtes les deux seuls amis* « *que j'aie vus depuis Saint-Pée.*» La reine, reprenant la parole, voulut bien ajouter: « *Nous* « *vous attendions,* LA MODE *nous avait an-* « *noncé votre arrivée. Je vous remercie de ce* « *que vous faites pour nos braves soldats, qui* « *manquent aujourd'hui de tout. Le roi sera* « *personnellement reconnaissant envers tous* « *ceux qui viendront ainsi au secours des no-* « *bles infortunes qu'il est réduit aujourd'hui* « *à ne pouvoir que plaindre, et qu'il voudrait* « *pouvoir secourir.*» J'eus à peine le temps de dire à sa majesté que les royalistes de France, dont LA MODE n'avait fait qu'exprimer la pensée, tiendraient à honneur de suppléer à ce que le roi Charles V ne pouvait faire dans cette occasion, et que les exilés de la fidélité trouveraient appui et secours chez nos amis politiques, qui avaient aussi connu les amertumes de l'exil, la reine reprit aussitôt la parole: « *Vous avez eu raison* « *de l'affirmer,* dit-elle, *nous n'avons quitté* « *l'Espagne que lorsqu'il nous a été impossi-* « *ble d'y rester davantage. C'est le sol qui a fui* « *sous nos pas, ce n'est pas nous qui l'avons* « *abandonné. Pris comme nous l'étions dans* « *un triangle, il fallait bien reculer vers la* « *seule ligne qui ne fût point occupée par l'en-* « *nemi, c'était la ligne de France. L'armée* « *a reculé lentement, toujours en combattant,* « *toujours disputant le terrain pied à pied.* « *L'ennemi était dans Urdax quand le roi* « *l'a quitté, je vous remercie de l'avoir dit.*»

Parmi les motifs qui m'avaient amené à Bourges, il en était un d'une haute gravité. La presse libérale, qui accueille avec une inexcusable légèreté les bruits défavorables à la personne ou à la cause des rois, s'était permis d'accréditer les rumeurs les plus injurieuses sur les intentions pré-

sumées de Charles V, intentions, disait-elle, for-
mellement exprimées dans une correspondance
que ce monarque aurait ouverte avec Louis-
Philippe. Certes nous n'avions pas besoin de venir à Bourges pour refuser toute créance à cette
calomnie. Mais comme le ministère du maréchal
Soult, pour qui c'eût été un devoir d'honneur de
faire rectifier ces assertions mensongères par ses
journaux officiels, gardait un coupable silence,
il fallait que les royalistes se missent en mesure
d'avoir le droit de démentir ce qu'il ne démentait
pas, et ce droit ils ne pouvaient le tenir que de la
famille royale exilée. La reine m'avait montré
tant de bienveillance, que je n'hésitai pas à lui
demander la permission de lui adresser une question dans l'intérêt de la gloire du roi. Lorsque je
lui eus expliqué ce dont il s'agissait, sa majesté
me répondit: « *Nous n'avons rien demandé,*
« *nous ne voulons rien demander. Ce que le*
« *roi désirait, je vais vous le dire, c'était la*
« *faculté de demeurer quelques jours sur la*
« *frontière pour remercier l'armée de ses sa-*
« *crifices, de son courage et de sa fidélité. On*
« *a craint cette suprême entrevue d'un roi mal-*
« *heureux et de ses soldats désarmés. On nous*
« *a refusé. Ce court instant de séjour et des*
« *passeports pour l'Allemagne, voilà tout ce*
« *que désirait le roi, et le seul désir qu'il ait*
« *exprimé dans ses lettres. Le roi n'a rien si-*
« *gné et ne signera rien, qu'on en soit sûr, qui*
« *puisse porter atteinte à ses droits. El rey*
« *sempre, el rey.* »

Nous rapportons avec la plus exacte fidélité
les belles paroles de la reine, paroles que ses en-
nemis eux-mêmes eussent entendues avec émotion, tant elles étaient empreintes de courage et
de majesté. Quoi de plus beau, dites-le, que ce
roi trahi par les hommes et par la fortune, qui
ne demande qu'une chose, un jour encore pour
saluer son armée ! Quel grand spectacle ç'aurait

été que ces adieux d'un roi sans sceptre à des soldats sans épées, levant les yeux ensemble vers
celui qui rend les trônes et qui donne la victoire,
et le prenant à témoin qu'ils n'ont point été vain-
cus mais vendus par la trahison.

La conversation durait depuis plus de trois
quarts d'heure. Le roi et la reine m'avaient in-
terrogé à plusieurs reprises sur l'impression qu'a-
vaient produite en France les événemens d'Espagne, en répétant autant de fois que s'il y avait eu
la moindre possibilité d'y demeurer, ni périls,
ni obstacles, ni fatigues, n'auraient pu les détour-
ner de le faire, et que l'impossibilité absolue de
traverser la barrière vivante formée par les troupes d'Espartero, les avait seule empêchés d'aller
rejoindre le brave et loyal Cabrera et le courageux comte d'Espagne. On vint alors à parler de
la position de Charles V en France; et comme
je désirais savoir si cette position était établie, et
si l'on avait traité sa majesté en hôte, ou si l'on
avait assez méconnu les notions les plus simples
du droit des gens pour la traiter en prisonnière,
le roi me répondit : « *Ma position, je ne la con-*
« *nais pas. J'ai écrit trois fois pour avoir mes*
« *passeports, je les attends.* »

Mais le sujet sur lequel le roi et la reine revenaient avec le plus d'insistance, c'était la souscription ouverte en faveur des héroïques misères
de l'armée d'Espagne, ces nobles débris de tant
de victoires, qui, pour ne pas rendre à Espartero
les armes conquises au prix de leur sang, sont
venus les jeter sur le sol de la France, après avoir
enterré les deux seules pièces de canon que la
trahison de Maroto leur eût laissées, et qui, à
Urdax, encore tonnaient contre l'ennemi.

Comme j'annonçais à sa majesté, qu'au moment où nous avons appris la catastrophe, des
femmes royalistes brodaient des drapeaux qu'on
devait offrir à l'armée royale, elle m'interrom-

pit en me disant : « *Qu'elles gardent cette pen-*
« *sée pour des temps meilleurs. Maintenant,*
« *qu'elles fassent des bas et des vêtemens pour*
« *nos pauvres Espagnols qui sont entrés ptes-*
« *quenus en France. La reine d'Espagne leur*
« *donnera l'exemple, elle veut être la première*
« *ouvrière de cette armée d'exilés. Quand ils*
« *avaient des armes, ils combattaient pour*
« *nous; ils sont désarmés et pauvres, je tra-*
« *vaillerai pour eux.* » Parti le lendemain de
l'annonce de la souscription, je n'avais eu le temps
de recevoir avant mon départ que les lettres de
M. de Châteaubriand et de M. de Doudeauville
qui se trouvaient à Paris. Le roi Charles V me
chargea de les remercier en son nom, et je rem-
plis publiquement ce devoir en consignant ici
l'expression de cette reconnaissance royale envers l'illustre écrivain et le noble et loyal royaliste.

Peu de momens avant que je prisse congé de
leurs majestés, le prince des Asturies entra. Il
était, comme son père, en redingote bleue d'uni-
forme, portait un pantalon garance et un ber-
ret, coiffure nationale qu'il n'a point encore quit-
tée depuis qu'il a passé la frontière. La physionomie pleine de noblesse et de distinction du jeune
prince me frappa tout d'abord. Il ne prononça
que peu de paroles, mais elles étaient remplies
du sentiment de reconnaissance qu'il éprouvait
pour les services rendus au roi son père et à
l'Espagne. Le jeune infant annonce un caractère
d'une énergie que le malheur n'a point fait flé-
chir. Lorsqu'il passa la frontière, un homme de
police, à qui l'on n'avait pas appris sans doute
qu'on laisse toujours aux princes leur épée,
même aux princes prisonniers; à plus forte raison
aux princes dont on se dit les hôtes, s'avança
pour prendre celle de l'infant. Mais à la manière
dont il tenait la sienne, l'homme de police com-
prit que son entreprise était périlleuse, et renonça,

par crainte, à une démarche qu'aurait dû lui
conseiller le respect.

Le roi ayant daigné m'inviter à venir dans l'a-
près-midi, je me présentai à une heure avec M.
de Marolles, rédacteur de la *Gazette du Berry,*
un de ces hommes de cœur et d'intelligence que
les grands principes trouvent toujours à leur poste,
et qui aiment à se montrer les courtisans de l'adversité. L'accueil du roi et de la famille royale
fut plein de bienveillance pour M. de Marolles
et pour moi.

Je n'étais venu à Bourges que pour parler au
roi et pour entendre parler de lui. Je passai donc
le reste de ma journée avec le brigadier Bargas
et M. Tamariz. Ces deux fidèles serviteurs de
Charles V m'ont mis à même de rectifier bien
des erreurs et de démentir bien des calomnies.
Ainsi, c'est à tort qu'on a dit que la reine avait
été en partie cause de la nomination de Maroto
au commandement de l'armée. La reine n'a pas
dit un mot en faveur de cet homme, que de tristes
nécessités obligeaient le roi à subir, car il appor-
tait l'argent qui manquait à l'armée: on sait
maintenant de quelle main il le tenait. Ce qui a
donné créance à ce bruit, c'est la coïncidence de
l'arrivée de la reine et de la nomination de Maroto;
mais ces deux faits, pour être simultanés, n'a-
vaient aucun rapport entre eux. C'est également
à tort qu'on prétend que ceux qui abandonnent
aujourd'hui la cause royale, sont précisément
les hommes qui ont levé l'étendard de la guerre
avec Zumalacarréguy. Villaréal, Elio, Zariate-
guy, Bargas, tous les frères d'arme du glorieux
Zumalacarréguy, sont demeurés dignes de leur
capitaine ; tous sont restés fidèles, et leur cons-
cience est droite et pure comme leur épée. Il est
faux que Charles V ait emporté deux millions en
quittant l'Espagne, et les journaux semi-officiels
du pouvoir qui colportent dans Bourges même
ces honteuses calomnies devraient rougir du

triste rôle qu'ils jouent. Nous n'osons dire à quelle modique somme se trouve réduite l'épargne royale; c'est à peine si un ministre de juillet s'en contenterait pour ses frais d'installation. Nous le savions depuis long-temps, et cet exemple n'a fait que nous révéler un fait déjà connu de tout le monde : les royautés légitimes s'en vont les mains vides; ce qu'elles veulent, c'est la couronne et non les trésors, en outre, le sentiment de leur droit leur dit qu'elles reviendront; les usurpations s'en vont les mains pleines, parce qu'elles ne voient dans le pouvoir que l'or qu'il donne, leur fuite est riche, leur retraite est opulente, mais elle est sans retour. « Deux millions! » s'écriait le brave Bargas, en repoussant cette calomnie, qui a été imprimée et colportée à Bourges, «si le roi avait ces deux millions, certes, «il ne laisserait à personne le privilége de venir «en aide aux soldats qui ont versé leur sang pour «lui!»

Le roi et la reine m'avaient permis de venir leur faire mes adieux le soir; mon séjour à Bourges devait être trop court, pour que je ne consacrasse point à leurs majestés tous mes instans. D'ailleurs je comprenais combien il était important de recueillir les paroles qui sortaient de leurs bouches pour rectifier toutes les fausses opinions accréditées par l'erreur ou la calomnie. Je revins donc dans la soirée à l'hôtel de la Panette. Le jour était tout à fait tombé; on m'introduisit dans le salon, qui me sembla d'abord vide, tant le foyer à demi éteint où brûlaient quelques tisons presque consumés, et les deux bougies isolées qu'on avait mises à la hâte au centre de deux énormes candelabres dont toutes les branches étaient vides, jetaient une lueur triste et douteuse sur les personnes et sur les objets. Ce ne fut qu'en avançant que j'aperçus le roi et la reine, qui se trouvaient déjà dans cette pièce. La reine était debout ainsi que le roi, qui s'appuyait contre le marbre de la cheminée. Je priai de nouveau leurs majestés d'excuser les questions que j'allais leur faire; mais ma mission étant d'éclaircir tous les doutes je me trouvai contraint de les interroger avec une liberté qu'ils voulurent bien approuver. Je demandai si le roi et la reine depuis leur entrée sur le sol français avaient trouvé dans les autorités le respect auquel ils avaient droit à tant de titres. Il fut répondu qu'en général les autorités militaires avaient été convenables; ce qui ne m'étonna point, car il y a dans l'armée française des sentimens d'honneur et de loyauté qui ont résisté à l'influence du juste-milieu. Les autorités civiles, plus étroitement liées au pouvoir, ont aussi montré une conduite moins digne. Dans une ville de la frontière, le roi et la reine ont été gardés à vue, et M. le sous-préfet, aspirant avec un noble enthousiasme au rôle de geôlier, que certes ses fonctions ne lui imposaient pas, est resté pendant vingt-quatre heures, étendu dans un fauteuil, à la porte de la chambre de la reine. Il paraît qu'il y a des gens que les lauriers de M. Maurice Duval empêchent de dormir. Le commissaire de police Goyenèche s'est aussi fait remarquer par sa rare inconvenance, et il a fallu qu'une bouche royale lui rappelât qu'il y a des limites où le métier de l'homme de police s'arrête devant les devoirs imposés à tous ceux qui se trouvent en face des rois. Le parlement régicide d'Angleterre comprenait à ce qu'il paraît cette vérité mieux que les fonctionnaires de l'ordre de choses actuel: quand il levait la hache sur Charles 1er, il tendait l'échafaud de velours.

Encouragé par la bonté du roi, j'osai alors lui adresser une question à laquelle j'attachais un intérêt tout particulier, à cause des rapports que j'avais eu l'honneur d'avoir avec le personnage qui en était l'objet. On sait comment les loups-cerviers de la Bourse ont traité monseigneur l'archevêque de Cuba, le père Cyrille. Selon eux,

il serait le Talleyrand de l'Espagne, et la pensée
de la trahison, qui n'aurait fait qu'emprunter le
bras de Maroto. Je rapportai ces bruits à sa majesté, en lui demandant de m'autoriser à les démentir s'ils étaient, comme je le croyais, contraires à la vérité. Le roi me répondit que rien
n'était plus faux que les allégations de cette na-
ture, et que le personnage dont on parlait n'a-
vait jamais cessé de bien mériter de son roi et
de son pays. Quelques jours avant la revue où
Maroto abandonna le roi, Charles V rencontra
son général en chef, qui se rendait à Tolosa pour
y faire fusiller le père Cyrille, Ramirez de la
Piscina, Elio et Montenegro; mais à la vue du
roi le général félon se remit en route pour son
quartier-général, et fit arrêter le brigadier Bargas, qui fut conduit avec son état-major au château de Guebara.

Je cherche à ne rien oublier de ce qui m'a
frappé dans les paroles du roi, sûr que je suis
d'être lu avec un douloureux intérêt par tous
les royalistes de France, en leur redisant tout ce
qu'il y a de fermeté véritable et de haute dignité
dans ce prince. Comme il désirait savoir l'opinion des salons de Paris et qu'il m'ordonnait de
parler avec une entière franchise, je crus devoir
faire connaître à sa majesté un propos attribué
par les salons diplomatiques à M. d'Appony, et
que cet ambassadeur nous mettra à même de démentir, nous le souhaitons pour son honneur de
gentilhomme. Suivant la version universellement
accréditée, M. d'Appony aurait dit, en entendant
plaindre le roi don Carlos: « Pourquoi le plai-
« gnez-vous ? il est mieux à Bourges qu'il n'a
« jamais été en Espagne. » A ces mots Charles V
laissa voir un mouvement d'indignation; puis il
reprit avec calme: « C'est parler en ambassa-
« deur; moi je pense en roi, et je trouve que le
« roi d'Espagne ne saurait être bien qu'en Es-
« pagne. »

Il ne me restait plus qu'à soumettre la bonté
du roi à une dernière épreuve, et la liberté qu'il
avait bien voulu m'accorder de lui citer le mot
d'un ambassadeur européen, m'encouragea à
lui lire l'article du *Constitutionnel* dont je lui
avais parlé le matin. Ce n'est point ma faute si
le nom de M. d'Appony se trouve appareillé avec
celui d'une feuille révolutionnaire: je ne lui
donne point cette place, il l'a prise. Je lus donc
à sa majesté l'article dans lequel le journal de
la gauche prétendait qu'il vendait ses droits pour
de l'or, et que, moyennant des apanages, il voulait bien se reconnaître sujet de l'usurpation qu'il
avait combattue. A la fin de chaque paragraphe,
le roi souriait d'étonnement et de pitié en regar-
dant la reine, et répétait d'une voix ferme et ac-
centuée: « *C'est faux.* » A la fin de la lecture, le
roi me prit le journal des mains, comme pour se
convaincre par ses propres yeux qu'on pouvait
imprimer des assertions aussi contraires à la vérité, et me répéta ce qu'il m'avait dit le matin:
« J'ai écrit trois fois, et dans les trois lettres je
« n'ai demandé qu'une chose, des passeports. »

La soirée était avancée, je m'arrachai enfin de
ces lieux, où je me consolais presque de trouver
la royauté si malheureuse en la trouvant si noble,
si ferme et si résignée. Le roi d'Espagne est vrai-
ment le roi Catholique, ne voyant, dans les
prospérités comme dans les adversités, que des
devoirs à remplir; plein d'amour et de reconnaissance pour son peuple, n'ouvrant jamais son
cœur à d'ardentes espérances mais ne désespé-
rant jamais; aussi tranquille dans ce salon de
Bourges, à demi éclairé par deux bougies, qu'il
le serait dans les magnifiques splendeurs de l'Es-
curial; sans ambition personnelle, mais gardien
inflexible d'un principe et voulant régner, comme
d'autres se résignent à obéir, par devoir. La reine
est admirable de courage et de dignité; son malheur si grand qu'il fût, l'a trouvée plus grande

encore. Il faut l'entendre parler de ceux qui ont combattu pour le roi, de ceux qui souffrent aujourd'hui pour son service ; c'est une mère qui parle de ses enfans, et quoique l'appareil de la puissance soit ailleurs, en voyant cette princesse qui a des larmes pour tous les maux de l'Espagne, qui, errante et sans ressource elle-même, ne songe qu'à consoler et secourir, un cri s'échappe involontairement du cœur : « celle-là seule est la reine ! »

J'étais venu à Bourges la tristesse dans l'âme, j'emportais de grandes et réelles consolations en me retirant. Ainsi la fortune et les hommes avaient pu trahir le roi Charles V, mais il était resté à la hauteur de la vénération et de l'amour des royalistes et au niveau du respect de ses adversaires. L'honneur était sauf, la gloire était entière, nous avions eu raison de le dire, et le malheur du roi et de la reine d'Espagne a gardé toute sa majesté. Les consolations que j'avais rassemblées je viens d'essayer de les faire partager à tous les royalistes, autant que de froides paroles peuvent rendre ces vives impressions qui émeuvent toutes les puissances de l'âme. Je m'étais imposé une mission délicate que la bonté de leurs majestés a rendue plus facile ; cette mission est remplie. Cette démarche je l'avais faite à la fois pour satisfaire mes sentimens personnels de dévoûment et de respectueuse affection, et pour répondre aux sollicitudes de l'opinion royaliste inquiète de savoir quelles étaient et les résolutions et la position du roi Charles V en France. Le récit d'une partie de mon voyage appartenait donc à nos amis ; j'ai payé ma dette en le leur racontant.

Vicomte Edouard Walsh.

Complétons cette lamentable histoire de la vé-
nalité et de la trahison. Les détails que nous al-
lons vous dire, nous les avons recueillis dans une
prison royale ; prison menteuse, il est vrai ; gendarmes qui se cachent, espions enveloppés dans
leurs manteaux, geôliers sans nom, mais enfin
une prison. La maison est gardée à vue, les mu-
railles sont hautes et sombres, l'intérieur est dé-
labré, le jardin est triste et sans air, l'herbe pousse
dans la cour; voilà donc l'hospitalité de la France
pour le petit-fils de Louis XIV ! voilà donc comment s'explique cette parole du régent, l'aïeul de
Louis-Philippe, que *la France a été de tout
temps l'asile des rois malheureux.* Qui l'eût dit
à M. le régent qu'il recevrait un pareil démenti
de sa propre famille ? Mais racontons l'itinéraire
de la monarchie espagnole, qui devait s'arrêter à
Bourges.

Après la trahison de Maroto, et qnand le lâche
eut passé à l'ennemi avec armes et bagage, li-
vrant toutes les positions qu'il avait juré de défendre, mentant comme un effronté à ses soldats
fidèles qui croyaient encore défendre leur prince
légitime en suivant Maroto, Charles V est resté
seul avec quelques braves, les appelant en conseil pour savoir comment il fallait s'y prendre et
par quels moyens la campagne pouvait tenir encore. La position était en effet désespérée ; la ligne

d'Artaban était livrée à l'ennemi; la frontière de France appartenait aux 5e et aux 12e bataillons de Navarre;, soulevés contre le roi par les instigations d'Arrias Teyero, de Lennas Pardo et du curé Etcheveria, qui les commandait. Toute communication avec la Catalogne était devenue impossible; car les troupes de Diégo Léon formaient un rempart formidable jusqu'à Pampelune. Ainsi chaque instant amenait une difficulté nouvelle; ainsi trois armées s'avançaient de trois côtés différens pour écraser cette poignée de braves, et pour avoir enfin le dernier mot de la légitimité espagnole.

Les évènemens marchaient encore plus vite que nous ne pouvons vous le dire. Le lendemain de cette revue où Charles V avait affronté la révolte, le roi se trouvait à Bergara, malgré Maroto, qui, dès la veille, espérait le livrer à l'ennemi. Mais le traître avait pris la fuite devant le roi; il avait eu peur lui-même de sa trahison, et était allé rejoindre ses complices sans amener avec lui le royal captif qu'il avait promis de livrer. Le lendemain, le roi arrive à Villa-Franca, à onze heures de la nuit, et nomme provisoirement général en chef de son reste d'armée, le comte de Negri, et, toujours fidèle à son métier de soldat, il passe en revue, à Lascano, deux bataillons navarrais et un bataillon de guides, qui d'abord avaient suivi Maroto croyant suivre leur général, mais qui revenaient, en criant: *Vive le roi! mort aux traîtres!* sous les drapeaux de la vieille Espagne. Dès ce moment, l'armée d'Espartero, bien assurée de ne rencontrer qu'une faible résistance, se met en marche; trente mille hommes s'avançaient tout fiers de n'avoir plus à combattre que quelques bataillons sans canons, sans munitions, sans vivres, dans une position désespérée.

Le 6, à Lecumberri, le roi rassemble les troupes qui lui restent. Le brave Elio est nommé général en chef, et reçoit du roi le grand cordon d'Isabelle-la-Catholique. Le brigadier Alzaa est nommé maréchal-de-camp; c'était là , sans que nul se l'avouât à lui-même , les suprêmes adieux du roi et de son armée. Dans ce moment solennel, il n'y eut plus que des soldats, que des frères qui se tendaient la main une dernière fois, et qui protestaient, dans leur émotion silencieuse, contre la trahison dont ils étaient les victimes. A cette réunion dernière assistaient, comme c'était leur droit de héros et de fidèles , le brigadier Bargas qui, le 13 août, avait arrêté par Maroto et conduit au château de Guibara pour y être fusillé, le fidèle Los Valès, qui ayant eu l'honneur d'amener le roi à son armée, voulait être un des derniers à quitter l'Espagne, et le curé Mérino, vieillard de soixante-douze ans, aussi brave que le Cid et non moins célèbre: il fallait le voir à ce moment terrible! Où donc est le temps, s'écriait-il, où Mérino n'avait qu'à pousser un cri pour faire soulever ces montagnes? Mais la trahison a étouffé ma voix et ces montagnes sont sourdes parce quelles ont été vendues par un traître.

Enfin, la retraite commence, mais cette retraite n'est pas une fuite , elle a tous les caractères solennels et sanglans de la bataille; on ne veut céder qu'à la force et rien qu'à la force. Laissez avancer les bataillons et l'artillerie , si vous voulez que l'armée fasse un pas en arrière. En vain, à chaque instant, des émissaires venus de France accourent-ils pour dire au roi que tout est perdu, qu'il ne peut plus trouver son salut que dans la fuite, que la France l'attend, qu'elle lui offre son hospitalité; le roi fait écarter ces impudens émissaires, et veut tenir jusqu'à la fin, tant qu'il restera un soldat à ses côtés.

Le 14, au matin, la petite armée était à Urdax ne songeant plus qu'à mourir; c'est alors que le brave Alzaa à la tête de ses Alavais, faisant volte-face et prenant position, tenta, par un dernier effort de dévoûment et de courage , d'arrêter les trente mille hommes du *duc de la Victoire*, au moment où tous ces victorieux étaient cent contre un ; mais, n'importe, on leur tiendra tête jusqu'à la fin. Si les munitions manquent, on se battra à la baïonnette ; si la baïonnette se brise, on se battra avec le sabre : c'est une lutte à mort, digne des temps homériques, et cela durera jusqu'au dernier soldat ; et quand le dernier canon fut encloué, quand la dernière épée eut volé en éclats, alors, pour ne pas rendre ces armes conquises par le courage et payées par leur sang, ils se traînèrent jusqu'à la frontière de France, et là, sur cette terre inhospitalière, ils déposèrent leurs armes aux cris de *vive le roi !*

A quatre heures du soir, le roi, la reine, le prince des Asturies, l'infant don Sébastion, la garde-d'honneur de Navarre franchissent enfin cette ligne fatale ; c'en est fait, ils ne sont plus en Espagne, ils sont en France. La France était représentée par un sous-préfet, par un commissaire de police et par un colonel d'infanterie. Voilà les hommes qui venaient dire, au nom de ce pays : à toute une monarchie : «Rendez-nous votre épée.» Bien plus, un homme de la police a porté la main sur l'épée du prince des Asturies, mais le jeune prince la tirant du fourreau s'écria : « Si tu la touches, malheureux ! je te brise la tête avec la garde. » Seuls, le prince des Asturies et l'infant don Sébastien ont conservé leurs épées. Villaréal, Elio et Bargas avaient brisé les leurs avant de passer la frontière.

Triste cortége où le vaincu seul a conservé la dignité, où la France s'est montrée sous l'apparence de la police, où pour désarmer plus à l'aise ces glorieux débris d'une armée naguère si florissante, et qui, il y a deux ans, touchaient les portes de Madrid, on les a forcés à passer sur un petit pont fort étroit et de remettre leurs armes une à une.

Le roi est arrivé à six heures à Saint-Pée ; on évite avec soin de lui faire traverser les villages. Dans la maison où il se repose de tant de fatigues du corps et de l'esprit, dans cette maison qui contient difficilement lui, la reine, son fils et son neveu, précieux débris d'un si grand naufrage, la police est partout, bruyante, curieuse, avinée, implacable. Elle ne respecte ni cette majesté ni cette douleur, elle interroge, elle fouille, elle observe, elle multiplie les sentinelles, elle s'empare, en un mot, de ce roi d'Espagne, tout comme s'il s'agissait d'un malfaiteur. Ah ! ce fut là un rude moment pour les illustres proscrits quand ils se virent dans la puissance de ce sous-préfet inquisiteur, ergoteur, mal élevé, qui gagnait, à sa façon, les bonnes grâces d'Espartero, le cordon d'Isabelle et une préfecture plus tard.

Dans ce même moment les restes de l'armée royale entraient en France, en criant *vive le roi !* A chaque nouveau venu on prenait l'arme qui lui restait, et cette arme, confiée à la France, le sous-préfet de Bayonne la renvoyait, de quel droit ? à Espartero qui n'avait pas osé venir la prendre, et qui la remportait en triomphe.

Le dimanche 15, M. le sous-préfet de Bayonne était déjà terriblement embarrassé de ses augustes prisonniers ; à chaque instant de nouveaux soldats de don Carlos franchissaient la frontière. Le roi, sollicité de partir, demandait trois jours pour prendre congé de son armée, et pour dire une dernière fois adieu à ces braves gens qui n'avaient pas trahi, eux, et qui depuis cinq ans avaient partagé si courageusement toutes ses fortunes. Toute cette journée du 15, la famille royale la passa dans sa prison, gardée à vue à ce point, que M. le sous-préfet ayant passé vingt-quatre heures à la porte de la reine, sa majesté fut obligée de lui rappeler qu'après tout elle était encore reine d'Espagne.

Le 16, la famille royale devait partir à une heure; mais par un calcul dont on lui saura gré, M. le sous-préfet de Bayonne ne vint prendre ses prisonniers qu'à trois heures: par ce moyen on traversait Bayonne pendant la nuit. Le cortége arrive à Guitari, à six heures. Deux chasseurs à cheval ouvraient la marche le mousqueton aux poings; le commissaire de police Goyenèche, le digne pendant du sous-préfet, venait ensuite; puis la reine, le roi et les deux princes, à cheval. De distance en distance étaient placés des détachemens de troupes; des gendarmes éclairaient le chemin.

Voici un petit détail du départ qu'il ne faut pas oublier: le roi avait demandé une diligence pour emmener ses serviteurs avec lui; cette faveur lui est refusée; et comme les préparatifs du départ languissaient, le sous-préfet dit: « *S'il ne part pas je vais employer la force.* » Bien plus, pendant que les serviteurs fidèles auraient eu honte de répéter au roi ces tristes paroles, M. le sous-préfet est venu signifier ses ordres dans les mêmes termes. Certes, ce n'était pas ainsi que le roi d'Angleterre, Jacques II, fut reçu par Louis XIV quand il vint lui demander l'hospitalité de ses états. Louis XIV envoya à son frère d'Angleterre, non pas un homme de la police, mais le plus élégant gentilhomme de sa cour. Le roi Louis XIV vint au devant du roi Jacques II et le fit passer devant lui, et au lieu de l'enterrer dans une obscure maison de Bourges, il lui donna le château de Saint-Germain.

A sept heures, on quitte Quetari, on monte en voiture: dans la première calèche, le roi, la reine, l'infant don Sébastien et le prince des Asturies; dans la deuxième voiture, le commissaire de police de Bayonne et le lieutenant de gendarmerie Duvigneau; dans la troisième voiture, le chambellan de S. M., la dame d'honneur de la reine, le chambellan du prince des Asturies, le brigadier

Bargas et M. Tamariz, secrétaire du roi. L'escorte
de gendarmerie se relayait à toutes les postes ;
on traverse Bayonne au galop, on arrive à Dax
à minuit. A Dax, le roi retrouve sa prison de
Saint-Pée, seulement les précautions étaient
plus grandes, à ce point que le brigadier Bargas
ayant voulu fermer la persienne de sa fenêtre :
« Prenez garde, s'écria le lieutenant de gendarmerie qui était dans sa chambre, *la sen-
tinelle va croire que vous voulez fuir, et elle
ferait feu sur vous.* » Le général Bargas, qui
sait cependant très bien le français, est encore
à comprendre ce que veut dire ce mot *fuir*.

Le 17, à 8 heures du matin, départ de Dax ;
on arrive à Langon à 6 heures du soir. Les mêmes
précautions que dans les journées précédentes. Le
18 on quitte Langon à 8 heures. Au relais, avant
Bordeaux, M. Tinant, aide-de-camp du maréchal
Soult, se présente au roi, et lui dit qu'il était
chargé de l'accompagner pendant tout son voyage
en France. La famille royale ignorait encore
qu'elle appartenait corps et âme à la police du
royaume. Arrivé à Saint-Pée, le premier soin
du roi avait été d'écrire à Paris pour demander
ses passeports pour l'Allemagne, et le sous-préfet
de Bayonne avait répondu qu'en attendant il
était chargé d'offrir à S. M. trois résidences à son
choix, Périgueux, Angoulême et Tours. M. Tinant annonçait au roi qu'il n'avait plus à choisir,
et qu'il le conduisait à Bourges. Ceci dit, Bordeaux, qui fut la ville du 12 mars, est traversée
au grand galop et par les rues les plus désertes.
Quatre gendarmes sont à la portière du roi, com-
mandés par le commissaire de police. En vain le
roi témoigne le désir de s'arrêter un instant dans
cette ville ; on lui répond en lançant les chevaux
au galop. A peine à une lieue de Bordeaux, on fit
une halte d'une heure et demie, et là seulement le
secrétaire du roi obtint la permission de retourner
à Bordeaux, sous la garde d'un officier de gen-

darmerie, pour aller acheter à la ville le linge qui manquait à la reine d'Espagne, comme il manquait à Rambouillet à madame la Dauphine.

A Périgueux, le roi arrive à midi et demi, et il couche à la préfecture ; là, comme à Limoges, comme partout, le roi paie les frais de sa table ; il ne veut pas d'une hospitalité forcée ; s'il ne paie pas les chevaux de poste, c'est que, dit-il, ce n'est pas l'usage que les prisonniers paient les frais de transport. A Périgueux comme à Limoges, les évêques viennent présenter leurs respects à Leurs Majestés Catholiques, et le soir le petit-fils de Louis XIV envoie rendre ses visites par son secrétaire, ne voulant pas s'exposer à ce qu'un fonctionnaire dise au roi d'Espagne : *on ne passe pas.*

Le roi n'a pas reçu d'autres visites que celles des fonctionnaires, et certainement le royal exilé eût recueilli dans sa route bien des marques de sympathies et de respect, s'il eût été permis aux Espagnols fidèles et aux royalistes français d'approcher de la famille royale d'Espagne ; mais c'est une faveur qui a été refusée aux uns et aux autres, sous le prétexte menteur que le roi était fatigué.

De Limoges à Châteauroux la marche est la même, seulement on a changé l'homme de la police que l'on a fait monter sur le siège du roi. Le dimanche 22, la famille royale, fidèle à ses habitudes chrétiennes, auxquelles elle doit tant de résignation et de courage, entendit la grand'messe à Châteauroux : l'église était remplie de fidèles, qui, témoins de tant d'abnégation et de piété, priaient pour le roi; seulement dans l'église, et debout, s'impatientaient les gendarmes, qui trouvaient que la messe était bien longue.

Déjà la ville de Bourges était en émoi, attendant avec impatience l'hôte royal qui allait lui venir; malgré toutes les révolutions qui nous ont agités, il y a dans les populations françaises tant de piété et tant de respect pour le malheur, que toute cette ville, naguère si calme et si indifférente, était émue et s'inquiétait pour recevoir dignement cette famille royale. L'arrivée du roi était annoncée pour deux heures, mais, hélas! il ne fut pas permis au roi d'Espagne d'être exact; cette fois encore on retarde sa marche à plaisir; la même main qui précipitait le galop de ses chevaux, il y a quelques jours, les ralentit aujourd'hui. Il faut nécessairement que le roi n'arrive qu'à la nuit tombante, on ne veut pas qu'il y ait une seule acclamation hospitalière sur son passage; déjà même toutes les précautions sont prises, on a envoyé au devant de la voiture un piquet de gendarmerie et d'artillerie à cheval; la seule consigne est celle-ci : *pas d'honneur, écartez la foule.* La consigne est suivie, les sabres restent dans le fourreau; cependant, à l'aspect des voitures, la foule, qui a attendu si long-temps, s'émeut, et des cris de *vive le roi* se font entendre: aussitôt, pour éviter ces cris si peu redoutables, l'escorte et les voitures prennent le galop.

Ainsi on entre à Bourges, dans la rue des Panettes; rien n'était préparé, non seulement pour recevoir, non pas même un roi, mais simplement des voyageurs fatigués. A peine les voitures sont-elles entrées dans la cour de cette maison de lugubre apparence, qu'aussitôt la porte est fermée aux verroux, comme l'on ferait pour la porte de la Conciergerie. Le préfet qui n'était rien moins que sous les armes, avait bien voulu attendre depuis un quart d'heure sur le perron, flanqué de deux servantes assez mal vêtues, qui tenaient chacune une chandelle à la main. On ne saurait dire à quel point a été poussée l'incurie dans une maison destinée cependant à recevoir de pareils hôtes. Tout y manque : la lumière et le feu. La plupart des lits sont sans draps. Hospitalité menteuse ! Ce roi qui a tout partagé avec son armée, arrive là, dans une maison où il est forcé d'habiter, dans une prison que vous avez choisi; le voilà qui achète, avec le peu d'argent qui lui reste, les objets les plus nécessaires à la vie; le voilà qui est la proie de tous les usuriers patentés. Vous avez répandu le bruit, sans doute pour vous dispenser d'abriter convenablement votre hôte, qu'il avait apporté deux millions d'Espagne; vous saviez bien cependant que ces sortes de soldats qui portent au front une couronne ne songent pas à remplir leur bourse; c'est une précaution pour l'avenir à laquelle les Majestés légitimes auraient honte de songer, témoin le roi Charles X, obligé d'emprunter quelque argent pour se rendre jusqu'à Cherbourg.

Tel est le simple récit de cette histoire d'un exil qui commence à peine et pour lequel la France a tout-à-fait manqué à ses anciennes habitudes d'antique et royale hospitalité dont elle était fière à si bon droit.

Nous avons été les premiers à visiter cette prison remplie aujourd'hui de tant de vertu, de résignation et de courage. Dans ces murs si peu dignes de contenir la majesté qui les habite, nous n'avons pas entendu une seule plainte, pas un mot qui ressemblât à de la faiblesse. On ne parle dans ces murs que des fidèles, et non pas des traîtres: que des courageux et non pas des lâches; là tristesse y est calme et sereine, et pleine de majesté, car on s'attriste des malheurs de la patrie; c'est elle que l'on regrette, et non pas la couronne. On pleure, mais tout bas, sur cette noble armée qui n'est plus, et, dans cette détresse si grande, on ne se souvient de sa pauvreté que pour partager son dernier morceau de pain avec de pauvres soldats qui n'en ont pas.

C'est ainsi qu'à force de courage Charles V

et Marie-Thérèse, sa digne compagne, viendront à bout de l'inhospitalité de la France, et la France aura honte de servir de geôle à l'Espagne révolutionnaire, et de se faire ainsi, en violant tous les droits des têtes couronnées, la complice de l'infâme Maroto. *(Mode.)*

Voici la liste exacte des personnes qui ont eu le bonheur de suivre LL. MM., et qui entourent leurs maîtres d'un zèle, d'un respect et de soins que l'infortune rend encore plus touchans :

SERVICE DU ROI.

Don José de Villa-Vicenzio, chambellan du roi.
M. Tamariz, secrétaire de S. M.
Don Pedro Barera Raton, confesseur du roi.

SERVICE DE LA REINE.

Mlle Iglesias, dame d'honneur de S. M.
Le père Unanué, jésuite, confesseur de la Reine.

SERVICE DU PRINCE DES ASTURIES.

Le colonel don Thomas Garcimartin, chambellan du prince.

Le confesseur de l'Infant est également le père Unanué.

SERVICE DE L'INFANT DON SÉBASTIEN.

Le brigadier-général don Carlos Vargaz chambellan de S. A R.

M. l'abbé don Francisco Bruno Esteban, confesseur de S. A. R.

M. Cardonna, médecin du roi.

Telle est la liste fidèle des courtisans du malheur, de ces frères privilégiés des serviteurs de Goritz, noms chers à tout cœur royaliste, et qui doivent rester inscrits à jamais dans la mémoire de tous nos amis.

Il y a trois cents ans, un roi malheureux se réfugia dans la capitale du Berry. Presque seul, n'ayant autour de lui qu'une poignée de serviteurs fidèles, il semblait n'être plus un objet d'effroi. On avait couronné à Paris un enfant étranger, nommé Henri VI, et qui gardait ainsi le chiffre ordinal de sa royauté anglaise.

Un jour, celui qu'on appelait par dérision le *roi de Bourges*, poussa le cri de guerre, tira son épée, rallia ses quelques hommes d'armes, et bientôt l'Anglais disparut du sol de la France, et Charles-le-Victorieux rentra à Paris. Une femme marchait à la tête de ces soldats, déployant à leurs yeux l'étendard de la Vierge, qui était l'étendard de la gloire et de l'honneur.

Sans doute, dans la situation où il se trouve, Charles V ne datera pas de Bourges le commencement de la Restauration, mais l'étendard de la *Vierge aux Sept-Douleurs* n'est pas devenu la proie des christinos, et les augustes mains qui l'ont brodé pourront un jour, je l'espère, le voir briller encore sur le chemin de la gloire, car il n'est pas tombé sans honneur.

Il est une remarque, qui atteste la profonde délicatesse dont le cœur des Bourbons est perpétuellement empreint. De même qu'à Goritz nulle plainte ne s'échappe du cœur de l'auguste héritier de Charles X, ou du cœur de la fille de Louis XVI, que jamais nulle récrimination ne s'exerce contre ceux qui, en 1830, se sont séparés de la royauté, de même Charles V ni la Reine ne disent rien qui montre la haine ou le ressentiment, et jamais le pardon des injures prescrit par la religion ne fut plus saintement exercé.

THÉODORE ANNE.   (France.)

ANGERS, IMPRIMERIE-LIBRAIRIE PIGNÉ-CHATEAU.